CORAZON GUERRERO

Por:

Ana Evelin García Contreras

CORAZON
GUERRERO Por: Ana Evelin García Contreras

Copyright © Ana Evelin García Contreras

Library of Congress Copyright Office
Washington, D.C.

Primera Edición en español 2013
ISBN: 978-0-615-81635-7

Diseño de portada: Ana Evelin García Contreras

Dedicado a mis padres:

Mario Alfonso García y

Ana Isabel de García

por su eterno apoyo

y amor incondicional.

Agradecimiento

No es en lo absoluto difícil para mí pensar quien merece mi eterno agradecimiento, no por estar escribiendo esta pequeña recopilación, sino por servirme como fuente de inspiración, de apoyo, de acompañamiento. Gracias a ti Paulina Flores, mi terapeuta, mi ángel de la guarda, que a través de los días, de las sesiones, de los consejos y del amor que imprimes en tu trabajo no solo ayudaste a alimentar mi inspiración sino a cambiar mi vida dándole un giro de 360 grados.

360 Grados

**No son suficientes 360 grados
para medir el giro que a mi mundo le has dado.
No es suficiente un poema improvisado
para dejar salir tanto sentimiento guardado.
Solo sé que tienes la magia de haber logrado
que este frágil corazón se sienta renovado.**

**Por eso déjame decirte que...
Suficientes palabras no se han inventado
para agradecer ese cariño que me has demostrado.
Ahora que mi mundo por completo has cambiado.
Y que a expresar mejor mis sentimientos me has
enseñado,
no puedo menos que agradecer nuevamente a la vida
por haberte encontrado.**

Reconocimiento

A mi amigo Enrique J. Aguilar, por sus consejos, sugerencias y orientación en este difícil pero reconfortante camino; pero sobre todo por esas horas de dedicación durante las cuales pude conocer un poco más al escritor y al ser humano que con sencillez y a la vez profesionalismo, no tiene reparo en compartir lo que en algún momento han sido obstáculos vencidos y que ahora se traducen en experiencia y conocimientos.

INDICE

EN EL CAMINO DEL ARCOIRIS

Prólogo

El día que Evelin me mostro su libro supe que su transformación había sucedido, la magia había llegado.

Cuando la conocí había tanto en ella para ser compartido y que guardaba con tanto recelo que la única opción era trabajar para investigar el por qué. Con el tiempo y trabajo Evelin tomó papel y pluma, decidió escribir su vida y no solo en papel. Todos los seres humanos tenemos la profunda necesidad de conocernos y entender los procesos de vida por los que estamos pasando. La mayor parte del tiempo sentimos que estamos solos o somos los únicos que vivimos este tipo de emociones o situaciones y por temor a exponernos o enfrentarnos evitamos el contacto con nosotros mismos. El trabajo de Evelin nos conecta con esos procesos que vivimos los seres humanos de una forma poética porque esa es parte de su magia (las palabras); cada vez que tenía la oportunidad de leer su trabajo solo tenía un sentir: "Lo que piensas que es tan tuyo, lo que escribes para ti...la verdad es que es de todos". Disfruto muchísimo su trabajo, porque me identifico y sé que la lectura de "Corazón Guerrero" puede ser un abrazo espiritual lleno de energía amorosa hacia el propio camino de vida.

De aquí para adelante, con mucho amor!!!

Paulina Flores
Terapeuta

Introducción

Tengo en mis manos el poder de plasmar en unas páginas toda una vida, en muchas o pocas palabras. En realidad en ningún diccionario hay las palabras suficientes para describir paso a paso una vida entera con todos sus aciertos y desaciertos, con sus altas y bajas, con sus amores y desamores, con sus risas y lágrimas, con sus fortalezas y debilidades, con sus emociones positivas y sus momentos depresivos. Pero intentare extraer su esencia, ese extracto que por su cotidianidad y por su familiaridad puede llegar a ser reflejo de muchas vidas.

Todos pasamos a lo largo del tiempo por etapas comunes pero a la vez diferentes en su esencia y cada uno las afronta de manera distinta. Algunas veces esas etapas o fases se nos complican y comenzamos a perdernos en ellas y a ver todo oscuro, nos sentimos como *en la penumbra* que no nos permite ver con claridad, caminamos y caminamos a través de ella y no llegamos a ningún lugar, pero de qué nos sirve seguir en esa oscuridad después de habernos dado cuenta que la vida es algo más y que está en nosotros quedarnos sentados sin hacer nada o sentarnos *en el diván* donde encontraremos no solo el alivio a lo que nos mantiene en ese mundo sin sentido sino también la fuerza para seguir adelante. Pedir ayuda no te hace una persona débil, pedir ayuda es de valientes y una vez que lo hagas te darás cuenta que no era tan difícil y que solo así podrás pintar tu vida del color que se te ocurra y entonces te veras *en el camino del arcoíris.*

No pretendo hacer una guía de cómo sentirse bien, ni de cómo encontrar la felicidad y mucho menos de salud emocional. Mi único objetivo es hacer ver la importancia de buscar ayuda cuando la necesitamos, cuando nos sentimos desorientados.

Reconozco que es difícil imaginarse a uno mismo hablando con una persona extraña de nuestros temas más íntimos, pero también debo reconocer que querer es poder y si yo pude, todo el mundo puede.

Ni la vida ni tus problemas quedaran resueltos mágicamente porque nada se queda estático, todo se mueve y probablemente nuevas situaciones, nuevas dificultades y nuevos problemas llegaran pero la gran diferencia es que ahora serás capaz de manejarlos adecuadamente.

.

EN LA PENUMBRA

Suele pasar que nos perdemos en el camino de la vida y sin darnos cuenta llegamos a un punto en el cual no nos es posible avanzar; todos los caminos hacia adelante parecen oscuros y la mente se nos llena de indecisiones; ese sentimiento de no encajar en ningún lugar, de sentirte ajeno a todo lo que ocurre a tu alrededor, y de estar físicamente en medio de la gente pero a la vez sumergido muy dentro de tu propio interior, intentando escapar una y otra vez sin conseguirlo, sin encontrar la salida o confundiendo los caminos que solo te hacen dar vueltas y vueltas y llegar al mismo lugar. A mí me ha pasado muchas veces y es entonces cuando he sentido la necesidad de sacarlo todo.

Desahogo

La vida a veces me agobia, necesito un respiro. Mi mente no tiene claridad, solo un montón de pensamientos enredados tratando de descifrarse. Mi cuerpo agotado, caminando como autómata por la fuerza de la costumbre. Quiero tener el tiempo de ver un nuevo atardecer y disfrutarlo hasta que el sol se oculte. Quiero amanecer sintiendo un rayo de sol alucinando mi despertar sin importar la hora. Quiero caminar sin rumbo, charlando con una buena amiga que no tenga prisa por llegar a ningún lugar. Quiero disfrutar de mi compañía con un buen libro y una taza de café. Quiero volver a ser yo.

Con un poquito de claridad en la mente trato de ordenar mis pensamientos e imaginar qué está ocurriendo a mi alrededor y al verme al espejo me doy cuenta que el tiempo ha pasado sin que yo lo sospechara siquiera y me pregunto ¿dónde fue que me perdí?; ¿dónde fue que confundí el camino? y se lo reprocho una y otra vez a mi pobre corazón…

Tonto corazón

Tonto corazón olvidado, marginado por tu propio ser; condenado a mostrar una falsa felicidad, a vivir de apariencias. Encadenado a un pasado que nunca fue, sorprendido por el tiempo despiadado.

Tonto corazón cargado de emociones sin estrenar, de ingenuidades sin descubrir, de malicia sin practicar. Cargando con una constante duda de lo que podría ser, coartando tu propia felicidad.

Tonto corazón desprotegido, frágil, confiado; de una sinceridad vulnerable; incapaz de defenderse como un guerrero. Temeroso del vaivén de la misma realidad que lo mantiene vivo.

Tonto corazón, que a la mitad de la vida no puede explicar el pasado y le sigue teniendo temor al futuro; que se deja llevar por nimiedades. Que se rehúsa a aceptar que ha tomado el camino equivocado.

Tonto corazón, que se esconde detrás de una mirada esquiva, de una explicación sin argumento, de una sonrisa fingida. Que compromete su propia felicidad por el qué dirán.

Tonto corazón, vencido antes de comenzar la batalla, alucinando por la sabiduría contraria que no puede ser mayor que su propia sabiduría. Cegado por una sonrisa que no pasa de ser un gesto amable.

Tonto corazón no olvides que las cosas pasan por una razón, que las señales seguirán siendo confusas y que las oportunidades solo se dan una vez en la vida.

Tonto corazón deja ya de llorar y atrévete a soñar.

La confusión continua y los ¿por qué? vienen a mi mente aunque los quiera evitar; como muchos le cuestiono a Dios la razón y le pido una explicación; pero por momentos vuelve a mí la razón que me dice que esa explicación debe estar en mi interior y le suplico a Dios que me ayude a encontrar una solución.

Súplica

A nadie le es tan difícil encontrarte como lo es para mí. Te sentí cerca por un momento y tenía la ilusión de que te quedaras conmigo, pero ignoraste mi presencia y con disimulo te alejaste.

Muchas veces he querido volverte a ver, a tenerte cerca aunque sea un instante, pero pasas de largo sin siquiera voltear.
Sabes que soy vulnerable y aun así me hieres; sabes que soy frágil y aun así no eres capaz de comprenderme; sabes que soy ingenua y aun así no te detienes a enseñarme; sabes que tengo miedo y no tienes el valor de defenderme.

Otras veces has tratado de confundirme con palabras bonitas, con tiernas caricias, con miradas insinuantes, sin pensar que mi debilidad me hará caer en un error irremediable. Me pones a prueba una y otra vez porque sabes que no soy fuerte.

Roto mi corazón, trato de curarlo por mi cuenta, sabiendo que sola no lo lograre.
Tengo que ser fuerte y encontrar la salida, que de hecho esta frente a mí, pero por el temblor de mis manos no soy capaz de usar la llave para abrirla y liberarme.
Te pido Señor que me des esa fuerza que necesito para salir y vestirme de paz.

Y en medio de toda esta confusión una luz de esperanza se asoma tratando de iluminarme, sin conseguirlo en un principio, pero alucinándome al final con su insistencia. Ha sido la decisión más difícil de mi vida, pero a la vez la más acertada.

Tomo el teléfono y la mano me tiembla, no puedo, veo el nombre que he grabado previamente, veo el número y vuelvo a cerrar el teléfono, un par de intentos más pero, creo que no estoy lista todavía. Pasan días, pasan eventos y llega un momento culminante, oigo en la radio cómo un muchacho ha fallecido de un derrame cerebral que lo mantuvo por semanas en el hospital, en un país extraño y sin familia cerca y todo por no haber pedido ayuda a tiempo. Siento en mi algo que me dice: no quiero por ningún motivo estar en una situación similar. Vuelvo a tomar el teléfono y esta vez a pesar del temblor de mi mano, y a pesar de que sé que mi voz se va a quebrar, dejo que la llamada tome su curso, espero y una voz muy gentil me contesta, lo cual me da un poco de seguridad y de tranquilidad de que estoy haciendo lo correcto.

Me da toda la información que necesito y acordamos la fecha y hora para la primera cita. Y de pronto me sentí fuerte con apenas ese primer paso y no puedo evitar el quererlo expresar diciendo que hoy no fue un día normal y que una transformación está a punto de comenzar.

De Orugas y Mariposas

Hoy no fue un día cualquiera y debo decir que hoy fue "el día"...

... el día de tomar acción.

... el día de comenzar un verdadero cambio.

... el día de darme cuenta que no era tan difícil como yo lo imaginaba.

... el día de darme cuenta que si se puede.

... el día de enfrentarme a mí misma.

... el día que supe que si se vale tener miedo porque a pesar de todo el mundo sigue girando.

... el día de comenzar esa transformación, de dejar de ser la oruga alejada de la mirada de todos, escondida en su capullo, ignorada por su insulsa existencia y comenzar a ser esa mariposa de majestuosos colores que ilumina las caras de quienes la miran, cuya belleza exterior no es otra cosa que el resultado de los más profundos sentimientos. Aquella que sin saberlo se encontraba siempre latente únicamente esperando el momento adecuado para surgir e irradiar esplendor a su paso dejando escapar emociones nunca antes develadas, pero tan fuertes como sus vivos colores.

Es el día de sacudir ese caparazón y dejarlo en el pasado para extender las alas al viento y volar a confundirse con el nuevo paisaje.

Se llega el día, mi primera cita, me levanto temprano porque quiero ser puntual. Voy en el camino y mi corazón se acelera cada vez más a medida que me acerco al lugar. Llego y me recibe esa persona tan gentil que contesto mi llamada y que de aquí en adelante será quien se encargue de sacar de mi todo lo que necesitamos para sanar las heridas que vengo cargando en mi alma.

Es la primera sesión, nunca antes había asistido a algo así, por ser la primera vez, me explica un poco la dinámica que usaremos durante las sesiones y un poco de su forma de trabajo, yo muy atenta para no perder detalle.

Llega mi turno para hablar, me pide que comience a explicarle por qué la busqué, y como es normal en mí, no sé por dónde empezar. En estos últimos días he tenido muchos eventos que por separado tal vez no tendrían mucho efecto, pero todos juntos pueden llevarte a perder el control y a una inminente depresión imposible de manejar por ti mismo.

Comienzo a hablar un poco vagamente aguantándome la vergüenza característica en mí, pero sabiendo que es la única manera de irle buscando el camino a la conversación. Le hablo sobre los acontecimientos más recientes en mi vida y comienza a formular preguntas para ir encontrando el meollo del asunto.

Poco a poco vamos desenmarañando ese enredo que tiene a mi cabeza hasta el tope. Tenemos que abordar todos y cada uno de los ámbitos en los que nos toca jugar en la vida. La escucho, hablo un poco y pienso que es la primera vez que puedo hacerlo, nunca antes había podido externar todo eso que me lastimaba por dentro.

Un par de sesiones más y vamos encontrando el camino. Con mucha dificultad pero ahora sé que si puedo hablar con alguien sobre mis más profundos sentimientos. Ella pregunta, yo contesto, pero en mi mente siempre hay algo que se resiste a salir, sin embargo tengo la convicción que el momento llegará, y mientras ese momento llega, yo me siento satisfecha y confiada de haber encontrado la llave que necesitaba para abrir este baúl cargado de emociones descontroladas. ¡He tomado la decisión correcta!

EN EL DIVAN

La confusión, las indecisiones, los miedos y la inminente depresión son cosas que no se pueden sobrellevar en solitario.

La aceptación de que existe un problema y que tiene solución, solo si se busca la ayuda adecuada es, - dicen por ahí- el 50% de la batalla ganada y yo nunca tuve duda de eso.

Mi intención no es decirte qué hacer para resolver tus problemas, no es darte pasos mágicos a seguir para encontrar la felicidad y tampoco es la de darte información sobre psicología, salud emocional o lo que sea, no tengo las herramientas para eso; mi único objetivo es resaltar la importancia de aceptar cuando hay un problema y que no se va a resolver solo. Estoy tratando de hacer ver que cualquier momento no solo es un buen momento para buscar ayuda sino que es el momento justo, al menos lo ha sido para mí.

El Momento Justo

Entro y lo primero que percibo es un aroma muy agradable que envuelve la habitación y que la convierte en un lugar de paz, de tranquilidad. Una música relajante de fondo acompaña la jornada propiciando solo energía positiva en aquel ambiente; en ese lugar que ahora es mi refugio, mi cómplice, mi promotor de libertad, de calma, de serenidad. Estoy dejando escapar todo lo que llevo dentro y que por años se había rehusado a salir y siento como en mis mejillas se deslizan esas pequeñas gotas cristalinas, llevándose con ellas todas esas emociones que de vez en cuando en un intento por liberarse terminaban provocándome un nudo en la garganta. Poco a poco, gota a gota van saliendo y liberando espacio en mi alma para que ésta tenga la capacidad de albergar nuevas o curadas emociones.

El entorno es propicio, mi disposición está en su punto para que toda esa energía circule y se renueve. Tengo ante mí a un ser de luz, de amor; casi puedo ver su aura iluminando mi cara y su energía invadiéndome por completo. Me dejo llevar porque se que tiene la guía que necesito para llevarme por el camino correcto y a pesar de que se que no será fácil, sigo ahí recibiendo esa gama de estímulos que me hacen sentir segura.

El tiempo y el espacio estaban destinados a ser aquí y ahora. No importa cuántos años han pasado, no importa cuántos años quedan por andar, he llegado al momento justo, al lugar justo y con la persona indicada.

Me siento confiada, voy abriendo mi mente para tener una mejor comprensión, voy abriendo mi corazón para dar y recibir amor, voy abriendo mi alma para dar y recibir emociones, sentimientos, anhelos.

Trato de estar atenta a todas las señales, probablemente se me escapen algunas pero estoy segura que en el proceso volverán a aparecer para reafirmarse.

Tenía miedo de dar el primer paso y con mucha dificultad lo di y heme aquí que ante mi debilidad y a pesar de ella me sentí comprendida, cobijada y querida cuando me dijo: deja que esa lágrima preciosa fluya. Entonces reafirme que este es el justo tiempo y espacio destinado para mí. Gracias Señor por ponerla en mi camino.

Sesión tras sesión, los recuerdos vienen a mi mente y se presentan como breves historias que en realidad son momentos de vida, con todos sus matices, personajes, lugares, situaciones, emociones y sentimientos.

Cada una de esas sesiones es un reto, un descubrimiento de mi propia persona que nunca hubiera imaginado y que nunca hubiera podido hacer sola. Mirarme al espejo no solo significa ver mi reflejo sino eso que los demás descubren en mí y yo apenas estoy empezando a comprender. Esa sensación de ser una persona diferente a la que se refleja en esa imagen me hace pensar que es necesario encontrar esa conexión y que por supuesto tengo que dejarme ayudar. Un nuevo ejercicio, pone el espejo frente a mí y se me hace difícil expresar sentimientos a mi propia imagen y me pregunto ¿por qué es tan difícil hablar conmigo misma?

El espejo no miente

Erase una vez una niña que aunque estaba llena de vida, y rodeada de personas amorosas, se sentía sola, en un mundo diferente, en un mundo donde todos eran perfectos menos ella. Tímidamente se movía entre la muchedumbre tratando de pasar inadvertida para que no notasen su presencia. Intentaba encajar en ese universo pero siempre terminaba sintiéndose una extraña. Nadie se dio cuenta de que aquella niña vivía en ese reflejo equivocado y así paso su vida en un mundo paralelo en donde su imagen en la mente era

supremamente distinta a la que reflejaba el espejo. La vida sigue, no se detiene para nadie y mucho menos pensar en retrocederla para corregir errores. Nunca es tarde para cambiar el espejo y mirar un nuevo reflejo, sobre todo si éste viene con mucho más brillo desde el interior. Pero el espejo no miente, el reflejo es el mismo, la diferencia es la actitud con que se mira.

En la búsqueda de sentirnos mejor, hacemos cambios que consideramos serán decisivos, y de pronto nos damos cuenta que siempre algo está faltando y que las cosas en realidad no han cambiado porque el cambio no ha sido integral. Me mudo a un lugar diferente, pero el que me encuentre en otro lugar no implica que mi persona será diferente, y me digo: "yo cambié el lugar, pero el lugar no me cambió a mí". El cambio tiene que ir más allá del simple espacio físico. Es mucho más que un viaje, es un reconocimiento en donde hay que estar conscientes de lo que vamos a llevar con nosotros. En lo particular, ha sido mucho -por no decir demasiado-, lo que siempre he venido cargando; y creo que es tiempo de revisar las maletas para no llevar más de lo necesario.

Exceso de equipaje

La vida me dio la oportunidad de cambiar el rumbo, de ver nuevos horizontes, de buscar nuevos caminos, pero me vine con demasiado equipaje. Yo pensé que había dejado todo atrás, pero al abrir mis maletas me encontré con que todo venia ahí. Todos los fantasmas del pasado viajaron conmigo y me han seguido como sombra por donde quiera que voy. Ahora, esa misma vida me está dando la oportunidad de aligerar la carga, y yo estoy tomando esa oportunidad con mucha apertura, con mucho respeto y con todo el cariño que me es posible. Estoy en un momento de aprendizaje, de conocimiento y de aceptación. No quiero poner resistencia porque estoy cansada de hacerlo. Estoy vaciando mis viejas maletas porque necesito espacio para todo lo nuevo. ¿Quién necesita la razón, si lo importante esta dentro del corazón?

Ropa de seda y un corazón de papel

Estoy en este viaje y llevo mucha carga que no necesitaré, así que dejaré algunas cosas como por ejemplo:
- Un corazón de cristal tan frágil que se rompe

con tan solo una mala mirada.
- Una careta sin expresión incapaz de esbozar
un gesto de alegría sincero debido a las
profundas heridas.
- Una mente llena de dudas, de ingenuidades
que le avergüenza confesar.
- Una coraza tan arraigada, capaz de detener
hasta al más osado sentimiento.
- Una endeble autoestima con altos y bajos
como olas de mar.

En cambio quiero conservar:
- Las ropas de seda que me devuelvan la
sutileza sin perder la humildad.
- Un corazón de papel en el que pueda escribir
nuevos sentimientos antes desconocidos pero
ahora comprendidos.
- Además un cuerpo fuerte que me ayude a
llevar las cargas más pesadas.
- Una sonrisa eterna en un rostro expresivo
que solo refleje el amor escrito en esas páginas
del corazón.
-Y una frente alta llena de dignidad y orgullo.

Y toda esa carga que hace tan pesado nuestro
andar y que casi no nos deja avanzar llega un
momento que la tenemos que dejar escapar.

Gotas de liberación

Hay algo que en este momento no me deja ver con claridad, son esas gotitas que salen por los ojos, recorren mis mejillas y terminan desapareciendo en el viento. Como un manantial nacen desde lo más profundo del corazón, su recorrido ha sido difícil pero necesario, doloroso pero liberador. Sigue habiendo un rio esperando por salir y su momento llegará.

Si pudiera tomar en la palma de la mano una a una esas gotitas, podría ver que algunas son:
...

Gotitas de felicidad por un día soleado, por un reencuentro, por un amor, por la familia, por una meta alcanzada, por un recorrido acompañado...

Gotitas de tristeza por un día gris, por una perdida cercana, por la soledad, por la melancolía, por una herida....

Gotitas de liberación por toda una vida reprimida, por una venda ceñida, por un nuevo rumbo a la vista, por un camino sin espinas. Gotitas que me dicen que estoy viva.

Pasan días, pasan meses y me doy cuenta cuan necesario es a través del proceso, realizar esos viajes internos, dolorosos a veces, pero siempre liberadores, que te permiten tener una perspectiva diferente, que te hacen sentir como espectador de tu propio ser interior, que de cierta forma te hacen ver con objetividad todo lo que está ocurriendo.

Introspección

Dentro, muy dentro. Un viaje profundo, hasta las entrañas. Te introduces y todo parece demasiado oscuro, muchos túneles como un laberinto sin salida. Pero continúas y puedes ver una luz que parece muy lejana pero no imposible de alcanzar. Si tus pasos no son firmes, siempre habrá alguien en quien te puedas apoyar. Una mano que le dará seguridad a tu recorrido. No te resistas, no tengas miedo, solo extiende tu mano para asirte, yo lo hice y esa mano me tiene sostenida con mucha firmeza y sé que no me dejara caer. Estoy poquito a poco acercándome a esa luz que en realidad no es una salida, sino la entrada a un nuevo mundo pero es el mundo al que quiero llegar.

Son muchas las cosas que descubro en mi interior, y a lo mejor quienes me conocen ya las habían visto, pero yo apenas las estoy descubriendo y es simplemente fascinante avanzar en ese camino y de vez en cuando detenerse a observar todo lo que está ocurriendo y además darte cuenta que cada paso tiene que ser un paso hacia adelante, porque sea lo que sea que hagas, no hay vuelta atrás.

Punto sin retorno

Camino por una carretera, he avanzado tanto que ya está siendo difícil ver lo que ha quedado atrás, me detengo y puedo darme cuenta que estoy en un punto sin retorno y que dar un paso atrás no sería retroceder un paso, sino toda una vida. El camino que está al frente aun tiene muchas desviaciones, aun es difícil elegir cuál tomar. No me ofusco, respiro lentamente para que mi mente se llene de aire renovado y me permita pensar con claridad. Todavía es posible equivocarse pero la conciencia me dice que no me preocupe porque las equivocaciones nos proveen aprendizaje. Me planto frente a esas desviaciones y pienso, ¿a quién le pregunto?, pero el silencio me da la respuesta, los latidos del corazón como un indicador hacen eco y se aceleran al poner el primer paso en la elección

correcta. Tengo que seguir adelante, aunque el camino todavía parezca nublado, mis pasos deben ponerse más firmes a medida que avanzo porque hay una fuerza que me está dando seguridad hasta que pueda ser capaz de hacerlo sola. Sigo adelante y sé que cada vez que me detenga a pensar me encontraré en un nuevo punto sin retorno y sin embargo no tengo duda al respecto, seguiré avanzando hasta donde tenga que llegar porque al final del camino podré sentirme satisfecha de al menos haberlo intentado.

Son tantas las cosas que he ido descubriendo en este proceso, que se me hace casi imposible evitar el querer compartirlas con alguien más.

Muchas experiencias, muchas situaciones cotidianas que aunque a veces debes tener en cuenta con quien las compartes; siempre es muy liberador platicarlas con quien te sientas cómodo y con la confianza de que ese alguien es la persona ideal.

El lado oscuro de la luna

Nunca intentes mirar al otro lado de la luna, deja su misterio tal cual; hay demasiada belleza a la vista para poder disfrutar.

Nunca dejes tu interior al descubierto, pues habrá quien no lo comprenderá; y exponer todo lo de adentro como un ser banal te marcará.

Se prudente en tu camino, nunca digas de más, pues las palabras ya escritas borrar nunca podrás.

En la mente de la gente, tu imagen no perdurará; si con acciones hirientes tu camino has de llenar.

Tu interior es un tesoro, que nadie debe profanar; guarda pues muy bien la llave que ellos lo comprenderán.

Así tú también camina sin insistir ni cuestionar, pues es una ley divina el respeto a los demás.

En la noche más oscura, mira al cielo y notaras, que el lado oscuro de la luna como bello enigma seguirá.

Luna bella, que brillas en la inmensidad, guarda tú también mis secretos y siempre mi cómplice serás.

Como reza el dicho: cada cabeza es un mundo, pero hay cosas que inevitablemente son comunes a todos y no hay duda que todos pasamos por las mismas etapas alguna vez y tenemos la necesidad de refugiarnos en algo o alguien para sentirnos mejor.

Para estar bien

Para estar bien hay que conocerse, valorarse, consentirse y amarse.

A menudo y por la velocidad con que la vida nos lleva, nos sentimos agobiados, sin salida y es cuando necesitamos un escape.

Un día tendrá que llegar que nos demos cuenta que no hay necesidad de vivir así y tendremos que buscar la solución.

La salida está en tus manos, solo es cuestión de atravesar el umbral que nos detiene, solo es cuestión de usar esa llave que está en frente.

Imagina que todo lo que está al otro lado, no es ni más ni menos que un mundo mejor y te lo estás perdiendo. No te detengas, sigue delante.

No voltees, nunca des un paso atrás porque adelante es donde debes estar.

Amate como a nadie, abrázate tan fuerte que

no puedas respirar porque después de ese abrazo, solo de amor tus pulmones se llenarán.

Viajes internos, vuelta al pasado, reconocimiento de emociones, desahogos, todo es válido para ir entendiendo y dándole forma al ser que está surgiendo, a ese ser que está buscando su propia esencia y que quiere liberarse de toda sombra, y reflejar su propio yo y no el que a veces nos impone la sociedad.

Y yo solo quiero bailar

Voy recorriendo la vida complaciendo a los demás; que si hablan los mayores, tu te tienes que callar; que si alguien te elogia, las gracias debes dar; que eres una niña y te debes comportar; que estas grande, tus cosas puedes ya arreglar; que mira ese muchacho, se ve que no le caes tan mal; que te apures a pensar o a vestir santos te quedaras. ¿Qué te paso?, te preguntan, ¿tu futuro a dónde va? Y yo les contesto que lo único que quiero es bailar.

Costumbres, tradiciones, creencias o como quiera que le llamemos, cada quien viene con su "forma de ser" desde el seno familiar y es una peculiaridad propia de ese entorno primario, la manera de expresar o no la emociones.

Nadie me lo dijo

¡Que un abrazo es algo más que rodear a alguien con tus brazos!... nadie me lo dijo.
¡Que cuando dos latidos se fusionan se vuelven una canción!... nadie me lo dijo.
¡Que dar y recibir por igual es amar!... nadie me lo dijo.
¡Que no saber los sentimientos expresar no te hace un ser banal!... nadie me lo dijo.
¡Que en ocasiones está bien y es de valientes llorar!... nadie me lo dijo.
¡Que sin importar cuantos errores llevas en tu andar, puedes volver a empezar!... nadie me lo dijo.
¡Que si no lo intentas, nunca sabrás hasta dónde eres capaz de llegar!... nadie me lo dijo.
¡Y que al final encontraría quien estas cosas me pudiera explicar!... nadie me lo dijo.

Dicen por ahí que lo único que se mantiene constante es el cambio; y la vida es así, un constante cambio; por lo tanto no es de extrañar que en cualquier proceso ocurran altas y bajas.

He tenido momentos de intensa necesidad de hablar con alguien y he llegado a sentir que el mundo entero se aleja de mí, pero también he comprendido que nadie está obligado a adivinar tus pensamientos, tus sentimientos, tus emociones y tampoco tus necesidades; lo ideal es expresarlo con claridad y no pretender que descifren tus señales.

El Rosal

La llamada de auxilio se ahogo en mi garganta y no la quisiste escuchar. Ahora preguntas qué me pasa, no pretendas que me siente a explicar.

No entendiste las señales, quizá no tenían claridad; pero la tormenta ya ha pasado y ahora me siento genial.

La vida da muchas vueltas, no la podemos parar, y si como en mi caso te encuentras en una dificultad, no dudes en llamarme, sabes dónde me puedes encontrar.

Por la vida voy sembrando rosas porque es lo que quiero cosechar, pero me olvido de las espinas que mis manos pueden lastimar. No me importa, así es la vida, voy sembrando sin parar porque al final del día mi rosal florecerá.

Y si no te has enterado que te necesitaba para sembrar, no te sientas preocupado, siempre habrá un nuevo rosal.

Somos seres humanos y podemos permitirnos en algún momento experimentar toda clase de emociones; no somos perfectos, lo debemos aceptar, por eso digo yo: ¿qué de malo tiene mostrar tu vulnerabilidad?

¿Qué de malo tiene?

¿Qué de malo tiene aceptar cuando estas mal, qué de malo tiene admitir la realidad?

¿Qué de malo tiene sentir miedo y llorar, qué de malo tiene rechazar la soledad?

¿Qué de malo tiene sentirte atado y gritar, qué de malo tiene querer verse en libertad?

¿Qué de malo tiene buscar el camino y luchar, qué de malo tiene afianzarse a una mano sin dudar?

... lo malo es nunca intentar y seguir por la vida sin actuar.

La llave

Tengo un palacio de lujo que cuido celosamente. En ese palacio de lujo tengo una habitación especial donde todo se transforma, donde a veces te sientes totalmente libre y otras veces necesitas aislarte, donde puedes estar en paz pero también sentir soledad, donde pueden reinar tanto la alegría como la tristeza, donde puedes sentir tanto la debilidad como la fuerza, donde a veces puedes sentirte acompañado pero otras veces necesitar compañía, donde puedes encontrar tristeza, rencor, resentimientos pero también alegrías, fuerza, motivación. Tengo la llave para entrar a esa habitación, tengo el poder de usar esa llave para sacar de esa habitación todo lo que no está bien y dejar todo lo que es necesario. Tengo esa llave que guardo celosamente porque es la que cuida mi palacio de lujo.

Laberinto

Me veo ahí, en medio de ese lugar sin fin, no hay nadie alrededor, estoy completamente sola, caminando sin un rumbo definido, tratando de encontrar la salida, mi corazón acelerado por la excitación, por las ansias de estar libre. Logro ver imágenes que me indican que afuera todos están felices, nadie me ve a mí pero yo los veo a todos. Trato de hablarles y no me escuchan, están tan inmersos en sus cosas que no advierten mi presencia. Me muevo de un lado a otro sin obtener los resultados que me permitan salir e integrarme a ese mar de gente. Y de repente después de tanto buscar, después de aceptar que soy yo misma quien ha estado bloqueando mi camino, y antes de hundirme hasta el fondo, me doy cuenta que una pequeña decisión es crucial y determinante. Tomo esa decisión, difícil pero acertada y por fin puedo respirar un poco de libertad.

Solo déjalas correr

Se asoman por mis ojos y cual manantial surgen una tras de otra cada vez que mi corazón se oprime.

La razón no tiene cabida en este momento porque no es momento de pensar, pero es la misma razón la que me dice cuan poderosas pueden ser y cuan equivocada estaba al no dejarlas correr.

Debo dejarlas escapar y recorrer su camino hasta el final, pues coartar su recorrido será coartar esa liberación de emociones que necesito descargar.

He aprendido que el valor de una lágrima es el precio que puedes pagar por no dejarla fluir; si es de alegría, esa alegría no durará; si es de tristeza, esa tristeza te matará.

Por eso me digo a mi misma, déjala fluir, déjala llegar hasta el final y que el viento se la lleve hasta donde se la tenga que llevar.

Decisiones, decisiones y más decisiones. La vida está llena de ellas.

Pero se llega un momento en que utilizar la misma respuesta ha dejado de funcionar y ese es un buen momento para cambiar.

¿Y si digo si?

¿Y si por primera vez cambiara la respuesta,
y en lugar de un no, digo si a la propuesta?...
¿Y si dejara de pensar lo que puede pasar?...
Entendería que en realidad no hay nada que
pensar...

¿Y si comenzara a hacerle caso al corazón...
En lugar de pensar y analizar lo que busca la
razón?...
¿Y si al despertar me diera cuenta que no era
un sueño?...
¿Y entendiera que soñar despierta no necesita
tanto empeño?...

¿Y si a la mitad del camino comenzara a
vivir?...
Me daría cuenta que en la vida hay mucho
mas para sonreír...
¿Por qué entonces es tan difícil decidir,
lo que el destino ya había marcado en mí
existir...

Debo aceptar que los errores del pasado no
hay que repetir, y que aun es un buen
momento para comenzar a ser feliz.

Me detengo y hago un recuento de lo que ha ocurrido, de lo que está ocurriendo y de lo que puedo hacer que ocurra en el futuro, en mi futuro; y me llena de satisfacción, mi pecho se llena de emoción, mi mente se refresca con nuevas ideas que quisiera compartir con todo el mundo y de nuevo me siento a escribir, pues es mi manera de proyectar todo ese cúmulo de sensaciones que invaden todo mi cuerpo.

Fases de la luna

Cuarto Menguante
Erase un corazón tierno, ingenuo, expectante y soñador,
Que traicionado por un ser oscuro, inconsciente y sin valor,
lo tornó triste, melancólico, temeroso y con dolor.
Una criatura blanca, pura, indefensa y sin maldad,
que se pasó la vida entendiendo el mundo con frialdad,
por la razón equivocada de no expresar con claridad
lo que había pasado en su mundo hasta entonces ideal.

Cuarto Creciente

Vibrante época de amor, paz y libertad,
donde aquel herido corazón que en ese mundo
trató de encajar,
no tuvo más remedio que de largo pasar.
En medio de risas, sueños, esperanzas y todo
lo demás,
sus heridas escondía para así su dolor
disimular.
Un día su color intentó recuperar sin siquiera
imaginar
que una nueva prueba tendría que enfrentar,
y en silencio el dolor lo volvió a embargar.

Luna Llena

Un día aquel corazón, casi hundido en su
propio dolor,
se vió al espejo, se armó de valor y se dijo:
tiene que haber un camino mejor.
Una mano entonces lo tomó y con delicadeza y
amor todo lo malo de él sacudió.
No fue fácil hacerle entender que aquel dolor
podía desaparecer
si tan solo se dejaba querer.
Fue un abrazo el que le hizo comprender
que aquella mano solo de un ángel podía ser.

Luna Nueva
Un corazón renovado ha surgido,
pues por fin trabajando con tesón ha entendido
que puede ser más feliz dejando lo pasado en el olvido
y que aquella mano del ángel divino
le seguirá enseñando el camino.

Un nuevo reflejo

Sus ojos eran los únicos que no querían ver,
Toda la belleza que por dentro y por fuera tenía aquella mujer.
Pero un día la vida la hizo entender,
Que no solo la belleza de adentro ha de valer,
Un nuevo reflejo comenzó a aparecer,
Y ahora está dispuesta a no dejarlo perder.
¿Cómo la vanidad buena puede ser?
Se preguntaba hasta que algo la hizo entender,
Que no es cuestión de vanidad sino de saberse querer.

Estar sentada en "el diván", me hace percibir lo voluble que puedo ser, pero también me hace darme cuenta de lo afortunada que soy al haber encontrado quien guíe mis pasos.

Me está ayudando a aceptarme como soy, con mis defectos y virtudes; a quererme por lo que soy, una persona como las demás; y a darme cuenta que puedo ser mejor sin necesidad de compararme con nadie.

A la deriva...

Inmersa en mis pensamientos camino sin rumbo, el tiempo y el espacio no tienen sentido. Una mirada cristalina me acompaña, mis ojos me quieren delatar y no los quiero dejar, pero mi cara se enrojese para confirmar que algo está pasando aunque lo quiera negar. Escribo y escribo tratando de dejar plasmado lo que voy sintiendo pero esas lágrimas que brotan de mis ojos y que explotan en su caída, no dan tiempo y la tinta se encargan de borrar.
Trato que mis emociones no me ganen pero como evitar esta ansiedad si me siento sola en la oscuridad y como un barco a la deriva en medio de una tormenta, que no soy capaz de aguantar.

Traté, te lo puedo jurar,
intenté con mis propias alas volar,
pero en mi intento me tuve que quedar
porque aun necesito una mano que me pueda ayudar.

Esta sensación de soledad que intento ocultar
me dice que aun no estoy lista para sola
caminar
y no me da pena lo que puedan pensar
si repito que te necesito para poder continuar.

Un nuevo corazón

Era una llama a punto de apagarse,
un débil suspiro en la noche,
que sangraba constantemente sin quejarse,
que vivía condenado por su propio reproche.

Era una constante duda en la mente,
preguntando siempre la causa,
escondiéndose de la gente,
dando a sus emociones una pausa.

El desconcierto lo embargaba
hasta que entendió sus circunstancias,
un triste pasado lo acompañaba
haciéndolo vivir una realidad falsa.

Una fuerza poderosa le hizo entender
que debía darle un descanso a la razón,
y su pecho con confianza disponer
para darle paso a un nuevo corazón.

Una nueva llama se ha encendido,
y con ella nuevas ilusiones,

aquel corazón hermoso ha resurgido,
ansioso de nuevas emociones.

Un corazón abierto a la vida
dispuesto a dar y recibir amor;
olvidando aquella historia que un día
lo condeno a vivir con dolor.

EN EL CAMINO DEL ARCOIRIS

Una buena disposición, perseverancia, y una actitud positiva son algunos de los ingredientes para mantenernos en el buen camino hacia una vida mejor.

Estar en este camino, en este punto del proceso, en este momento de vida no significa que en adelante todo será maravilloso, pues nada se queda estático y la vida sigue su curso, significa que seguirá habiendo altibajos, muchas piedras en el camino que apartar, nuevos retos por superar, pero existe la oportunidad de darles un mejor enfoque y me veo como en aquel cuento, preguntándole al espejo cual será el próximo reflejo que me mostrará y recuerdo a aquella chica tímida, aquella que a veces quisiera volver a empezar, aquella que desnudando su alma, se pregunta ¿quién soy yo para querer cambiarte la vida?, pero que a la vez te quiere mostrar lo práctica que ésta puede ser si entiendes tu pasado, disfrutas de tu presente y persigues tus sueños, sin olvidar que tienes un destino marcado, un propósito de vida y que todo va a estar bien, si te dejas arropar, si te encuentras al abrigo de algo supremo.

Espejito... espejito!!!

Como una cenicienta antes de la media noche,
subida en su calabaza convertida en coche,
aquella princesa de su belleza hacia un derroche,
sin que absolutamente nadie le hiciera un reproche.

De plebeya a princesa se transformó,
calzando sus zapatillas de cristal caminó,
captando las miradas de cuanta gente encontró,
Y sintiéndose bella al instante una postura arrogante
asumió.

Pero su sencillez no puede esconder
y su arrogancia se vuelve a perder
si en su entorno no hay quien su belleza le haga ver
y entonces la plebeya vuelve a aparecer.

Príncipes azules, blancos o amarillos
intentaban penetrar en su castillo
sin que esto pusiera en sus ojos ningún brillo,
haciéndola vivir en un mundo vacio.

Ya con ansias de dejar su prisión de cristal,
y consciente de vivir en un mundo irreal,
al espejo se miro y no necesitó preguntar,
lo que a la vista cualquiera podía captar.

La bella princesa que no pretende ni castillos ni
fortuna,
camina hoy por el mundo brillando como ninguna,
emanando aquel amor que la acompaña desde la cuna
y que tenía reservado para la ocasión más oportuna.

Cuatro Estaciones

Me subí en el tren de la vida sin darme cuenta
y ahí como espectadora voy avanzando
pasivamente de estación en estación.
El tren avanza sin detenerse, unos queriendo
subir otros queriendo bajar y yo sigo ahí solo
viéndolos pasar. Haciendo intentos por
integrar mis sentidos en algún lugar, vuelvo a
detenerme y ese círculo no para de girar.
Sigo adelante en mi intento por perseverar y
antes de introducirme a ese túnel oscuro
comienzo lentamente la mirada a levantar.

Primera Estación
Días grises por doquier, miradas profundas y
evasivas como tratando de un contacto evitar.
Me levanto de mi asiento y comienzo a
caminar, pero en ese instante nada me turba y
estoy decidida a avanzar. Sabiendo que por
más oscuro que se ponga el cielo, un arco iris
brillará.

Segunda Estación
Ya en mi camino, aunque todavía muy oscuro
a veces retrocedo para un vistazo dar a lo que
atrás quedó y no me dejaba avanzar. Pero del
pasado nada puedo remediar y lo único que
me queda es aceptarlo como tal y dejarlo como
aprendizaje de una vida llena de complejidad.

Tercera Estación
Mucho camino recorrido dejando atrás los
bosques oscuros y penetrando en un paraje
mas colorido.
Sigo viendo gente subir y bajar pero ahora
todos me pueden mirar porque el sol ilumina
mi semblante sin parar.

Cuarta Estación
Y ahora con tanta claridad me puedo levantar
a todos o a cualquiera saludar y bajarme en la
estación que mi corazón quiera seleccionar.
En cualquier estación me puedo bajar sin que
esto me haga cambiar el camino que escogí
para llegar al lugar en donde pueda volver a
empezar.

Volver a empezar

Y de repente me siento con ganas de volver a
empezar.
Y mis ojos se vuelven a nublar,
pero es algo que ahora poco me ha de
importar
porque ciertamente se mojan pero es de
felicidad.
Y esa sensación de cuando quiero gritar,
me dice que estoy de nuevo encontrando mi
lugar.
Y aquella iluminación que sin querer en un

momento pude menospreciar,
vuelve a mí con más fuerza haciéndome
incluso llorar.

Se que has seguido ahí viéndome tambalear,
esa mirada siempre me lo hace notar,
y mi corazón se llena de felicidad
cada vez que con tanto amor me animas a
continuar.
Por eso una y otra vez tengo que afirmar
que sin tu ayuda no lo podría lograr
y con humildad tengo que aceptar,
que te admiro, y te quiero por ser tan especial.

Aquella Chica Tímida

Siempre apartada de la gente
como por azares del destino;
intentando, sin palabras convincentes
demostrar algo que nunca ha existido.
Con la timidez solo en su mente
evitaba a todo el que se cruzaba en su camino,
lo que le hacía perder frecuentemente
los momentos mágicos que a la vida dan
sentido.

Ahora desenredando las marañas de su mente
aunque sin querer saber el motivo
pretende llenar su presente
de un eterno momento emotivo
en donde cual orador elocuente

pueda expresar el amor con cada uno de sus sentidos
a quien se le ponga enfrente,
y que aquella chica tímida se quede en el olvido.

La Isla

Camino por la playa sin fin, voy descalza, sin nada que me estorbe pero a la vez sin nada que me proteja, me siento vulnerable, miro alrededor y no hay nadie, estoy completamente sola, me veo desde lo alto y puedo darme cuenta que estoy en una isla desierta. No sé como llegué hasta aquí, no sé si podre salir, no sé si seré capaz de sobrevivir. Quiero despertar y darme cuenta que solo es un absurdo sueño. Tengo que ser fuerte, después de caminar tanto no es posible que comience a desfallecer. Me dejo caer sobre mis rodillas como diciendo ya no puedo más, mis manos caen sobre la arena y antes de que mi cabeza se comience a agachar siento como una fuerza me vuelve a levantar y mis manos se vuelven a empuñar y en esos momentos quiero gritar que nada será capaz de impedir que lo vuelva a intentar y que de esa isla voy a escapar.

A veces...

A veces quisiera volver a aquella cabaña
abrazar de nuevo a la niña de brillante
mirada, que me envolviera con su aura dorada
y no sentirme nunca más como una extraña.

A veces quisiera perderme en ese bosque
inmenso, correr de su mano como en aquel
momento, demostrarle que mi amor sigue
siendo inmenso, y jugar con ella haciendo
brisa con el viento.

A veces quisiera que mi vida se volviera un
cuento, ser una reina en un palacio
majestuoso, tal vez transformar al mundo con
un mágico invento, o solo pasearme entre la
gente de gesto amistoso.

A veces quisiera retroceder en el tiempo,
cambiar todo lo que no estuvo bueno,
disfrutar del presente sin remordimiento,
y que lo bello del futuro no me sea ajeno.

A veces quisiera despertar de este sueño,
vivir sin temor en un mundo real,
sentir que mi corazón ya tiene dueño,
y observarlo todo desde mi portal.

Inventario

Recorriendo esos momentos de vida, tomando
conciencia de los instantes pasados, mirando
hacia adentro ese mundo privado, moviendo
todo elemento guardado me dispongo a hacer
un inventario.
Muchos sucesos casi olvidados por lo poco
importante de su significado, otros que alguna
enseñanza han dejado y que merecen ser
recordados, algunos listos para quedar en el
pasado, en ese baúl con llave cerrado, y otros
tantos de sueños colmados, buscando a su
tiempo ser renovados.
Un inventario bien organizado, siempre ayuda
a estar preparado, para saber qué es lo que ha
faltado y enfrentar lo que el futuro traiga en
sus manos.

¿Quién soy yo?

¿Quién soy yo para querer cambiarte la vida
como falsa heroína de causas perdidas,
intentando no pasar frente a tí inadvertida
por el camino sinuoso de una complicada
vida?

¿Quién soy yo para servirte de ejemplo
guardando todo como en un sagrado templo,

perdiéndose en un mar de historias sin tiempo
en lugar de disfrutar de este hermoso
momento?

¿Quién soy yo para juzgar tus errores
con una vida colmada de temores,
inventando incluso sentimientos sin nombre
para justificar unos cuantos sinsabores?

¿Quién soy yo para hablarte de inspiración
con un lenguaje cargado de desilusión,
llevando en la mente un bagaje de confusión
en lugar de poner a la vida alma y corazón?

¿Quién soy yo para querer llenarte de luz
y pretender ayudarte a cargar tu cruz,
sin haber siquiera aprendido a ver a trasluz
el paisaje sin convertirlo en el más triste
blues?

¿Quién soy yo para hablarte de amor
con un falso sentido de la verdadera razón,
intentando encontrar sin temor
un nuevo camino que mostrarle al corazón?

¿Quién soy yo para pretender ser tu guía?
mejor es que me enseñes con tu sabiduría
que el mejor camino tiene doble vía
y de una vez sepa quién soy yo a partir de este
día.

Con el alma desnuda

Todo estaba ahí adentro, escondido en lo
profundo, tan guardado que ni yo misma lo
podía explicar.
Todo era muy oscuro, y en un silencio total,
tan confuso e imposible de descifrar.
Todo caminaba sin rumbo por caminos sin
final, enredados en la mente pensamientos,
ideas y demás.
Todo era un mar de dudas, un rompecabezas
sin armar, faltando siempre piezas, quizá
perdidas o confundidas que más da.
Todo lleno de tristeza, queriendo siempre
aparentar una felicidad incompleta, una falsa
realidad.
Todo un mundo de acciones ajenas a la
verdad, aparentando sentimientos falsos para
los verdaderos ocultar.
Una eternidad vivida que tendría que acabar,
dando tiempo a la llegada de la gran necesidad
de una vida acompañada y ocultar la soledad.
Todo sigue estando adentro pero ya nada es
igual, ha llegado el momento de ver con
claridad, descifrando aquel silencio y
encontrando un lugar, donde ideas, sueños y
pensamientos se sientan en libertad.

Una fiesta sin final

Hoy quise mi mente echar a volar,
a la tristeza a un lado dejar,
al ritmo de la música caminar
y con el viento mi cabello agitar.

Hoy desperté con ganas de cantar,
a la vida agradecer sin parar
por un nuevo día de magia y libertad
que solo me invita a disfrutar.

Hoy tengo ganas de encontrar un lugar
para mi lienzo de colores llenar,
pintar ese paisaje sin importar,
que se encuentre en el fondo del mar.

Hoy tengo ganas de bailar
aquella canción sin igual
que dice que la vida es un carnaval
y que Celia tanto nos hizo cantar

Hoy mi corazón está contento
y como sea lo quiere demostrar
por eso escribir lo que siento
es mi manera de festejar.

Los astros ya lo sabían

Los astros sin duda ya sabían,
que este momento por fin llegaría,
que un círculo perfecto se cerraría
para dar comienzo a una nueva vida..

El universo también estaba enterado,
que el camino no estaría despejado,
que hasta el cielo estaría nublado
por eso te envió para estar a mi lado.

Los planetas lo han demostrado,
que no es necesario olvidar el pasado,
pues por mucho que se haya avanzado,
siempre un recuerdo quedará marcado.

El tiempo todo lo ha acomodado
como rompecabezas bien organizado
cada una de las piezas ha encajado
para no dejar ni un detalle de lado.

Y con todo, tiempo y espacio engranado,
que razón habrá de buscar con tanto cuidado,
lo que parecía estar equivocado,
si el camino ya estaba marcado.

Todo está bien

Mi mente se agita, las ideas se revuelven y la confusión sigue igual, y esa voz, con la calma de siempre me dice: tranquila, todo es normal.

Entonces, respiro profundo con el fin de calmar mi ansiedad, y vuelvo a escuchar ese tono gentil que solo me da tranquilidad.

Mi corazón se desespera y a veces no quiere entender, y ahí está de nuevo la voz diciendo: ten calma, todo está bien.

Soy vulnerable, soy débil, soy frágil a más no poder, quiero respuestas, quiero ser libre y quiero ser fuerte también.

No te preocupes, es tu estructura, lo debes comprender, tu historia es solo tuya de nadie más, acéptala como es.

No te compares, se tu misma, no tienes nada que perder, por el contrario, cuando lo aceptes veras que todo va a estar bien.

El proceso no termina pues la vida continua, sin embargo, la certeza de que siempre habrá un ser superior –independientemente del nombre que se le asigne- observando tus pasos, guiándote por el camino y arropándote cuando lo necesites, debe estar presente en tu mente.

Al abrigo de tus alas

Al abrigo de tus alas quisiera pasar la eternidad,
confortada por tus palabras que me llenan de tranquilidad,
flotando entre las nubes sin ninguna dificultad,
confundiéndome en mis sueños sin prisa, con toda serenidad.

Al abrigo de tus alas sin tener que despertar,
caminando entre ángeles sin malicia, sin maldad,
protegida por tus brazos que solo dan seguridad,
con la calidez de un abrazo cargado de felicidad.

Al abrigo de tus alas soy capaz de caminar
a donde sea que la vida me quiera llevar,
pregonando la alegría de estar viva y respirar,
y ayudando a otros tantos a que puedan sentir igual.

Al abrigo de tus alas nada me puede faltar,
tengo todo lo que quiero y no quiero nada
más.
Tu le inyectas a mi mundo mucha calma,
mucha paz, por eso, al abrigo de tus alas
quisiera siempre estar.

Epílogo

Todo lo que acabas de leer, yo los llamo: **instantes de vida**. Puede que en algún momento parezca que no tienen una secuencia lógica a pesar de que se trata de un proceso, pero la vida es así, cambiante, con muchos matices que al final son los que le dan sentido. Porque, ¿quién quiere una vida lineal, monótona y marcada por el destino?; ¡yo no! Y por eso me atreví a escribir mi pequeña recopilación de algunos de mis propios instantes de vida.

Así, te invito a que escribas los tuyos, porque sé que también tienes un corazón guerrero empujándote a luchar día a día.

Contacto: evelin_garcon@hotmail.com
Blog: proyectoesa.blogspot.com (El Sombrero Azul)
Facebook: Ana Evelin Garcia Contreras